© 2021 Arquié, Sébastien
Édition : BoD – Books on Demand, 12/14 rond-point des Champs-Élysées, 75008 Paris
Impression : BoD - Books on Demand, Norderstedt, Allemagne
ISBN : 9782322399482
Dépôt légal : octobre 2021

Préambule

En 2005, le parlement réuni en Congrès à Versailles entérine la révision de la Constitution de la Vème République. La Charte de l'environnement est ainsi adossée à la Constitution au même titre que le préambule de la IVème République et la Déclaration des Droits de l'Homme et du Citoyen de 1789. Elle acquière ainsi valeur constitutionnelle.

Le préambule de la Constitution de la Vème République est ainsi modifié :

« Le peuple français proclame solennellement son attachement aux Droits de l'homme et aux principes de la souveraineté nationale tels qu'ils ont été définis par la Déclaration de 1789, confirmée et complétée par le préambule de la Constitution de 1946, ainsi qu'aux droits et devoirs définis dans la Charte de l'environnement de 2004. »

La Charte de l'environnement est ainsi rédigée :

Le peuple français,

Considérant :

Que les ressources et les équilibres naturels ont conditionné l'émergence de l'humanité ;

Que l'avenir et l'existence même de l'humanité sont indissociables de son milieu naturel ;

Que l'environnement est le patrimoine commun des êtres humains ;

Que l'homme exerce une influence croissante sur les conditions de la vie et sur sa propre évolution ;

Que la diversité biologique, l'épanouissement de la personne et le progrès des sociétés humaines sont affectés par certains modes de consommation ou de production et par l'exploitation excessive des ressources naturelles ;

Que la préservation de l'environnement doit être recherchée au même titre que les autres intérêts fondamentaux de la Nation ;

Qu'afin d'assurer un développement durable, les choix destinés à répondre aux besoins du présent ne doivent pas compromettre la capacité des générations futures et des autres peuples à satisfaire leurs propres besoins,

Le peuple français proclame :

Article 1er. Chacun a le droit de vivre dans un environnement équilibré et respectueux de la santé.

Article 2. Toute personne a le devoir de prendre part à la préservation et à l'amélioration de l'environnement.

Article 3. Toute personne doit, dans les conditions définies par la loi, prévenir les atteintes qu'elle est susceptible de porter à l'environnement ou, à défaut, en limiter les conséquences.

Article 4. Toute personne doit contribuer à la réparation des dommages qu'elle cause à l'environnement, dans les conditions définies par la loi.

Article 5. Lorsque la réalisation d'un dommage, bien qu'incertaine en l'état des connaissances scientifiques, pourrait affecter de manière grave et irréversible l'environnement, les autorités publiques veillent, par application du principe de précaution et dans leurs domaines d'attributions, à la mise en oeuvre de procédures d'évaluation des risques et à l'adoption de mesures provisoires et proportionnées afin de parer à la réalisation du dommage.

Article 6. Les politiques publiques doivent promouvoir un développement durable. A cet effet, elles concilient la protection et la mise en valeur de l'environnement, le développement économique et le progrès social.

Article 7. Toute personne a le droit, dans les conditions et les limites définies par la loi, d'accéder aux informations relatives à l'environnement détenues par les autorités publiques et de participer à l'élaboration des décisions publiques ayant une incidence sur l'environnement.

Article 8. L'éducation et la formation à l'environnement doivent contribuer à l'exercice des droits et devoirs définis par la présente Charte.

Article 9. La recherche et l'innovation doivent apporter leur concours à la préservation et à la mise en valeur de l'environnement.

Article 10. La présente Charte inspire l'action européenne et internationale de la France.

Le Mur

« La magie du monde actuel, c'est d'avoir réussi à rendre indispensables des produits et des services dont nous n'avions pas besoin »

Ce matin je ressens une drôle de sensation que je connais trop bien. C'est celle d'un malaise profond en lisant la presse. On annonce un taux de croissance de plus de 6 % en France pour l'année 2021. C'est plutôt une bonne nouvelle. La croissance signifie la création de richesses, d'emplois et de services. Il y aura peu de personnes pour se plaindre de tout cela. Pour l'Etat, cela signifie plus de revenus qui vont aider à l'équilibre des comptes publics. Cela permet aussi d'emprunter sur les marchés et donc d'investir pour poursuivre le développement. Pour le gouvernement, c'est enfin un signe fort. Nous avons réussi à tourner la page de la pandémie. Les plans d'aide aux entreprises ont fonctionné. Nous sommes loin de la crise économique annoncée. Les perpectives de faillites, de licenciements massifs semblent loin de nous. A grand renfort de vaccinations et de passes sanitaires, nous sommes prêts à un retour à la vie normale. Réjouissons nous !

Il y a un mois, au coeur de l'été, une nouvelle publication du GIEC a fait grand bruit et a occupé pendant quelques jours le devant de la scène médiatique. Au milieu des faits divers, des Jeux Olympiques, des transferts de footballeurs, de la promotion de la campagne de vaccination et de la contestation de celle ci et du pass sanitaire associé, les réactions à la publication du rapport du GIEC ont été nombreuses. De telle manière que personne n'a pu passer à côté des conclusions de ce nouveau rapport. Il nous dit quatre choses importantes : le **réchauffement climatique est une réalité ; l'activité humaine est la cause de ce réchauffement ; il est fort probable que nous ne tiendrons pas les engagements pris lors de l'accord de Paris ; tout ceci aura des répercussions catastrophiques sur la vie en générale sur la planète.**

Et c'est là où cela coince. D'un côté une croissance retrouvée signe de créations de richesses et d'emplois, de l'autre une dégradation irréversible de notre environnement, l'une étant la conséquence de l'autre.

Je n'ai pas attendu 2021 pour être interpellé par ces contradictions profondes. Elles m'ont plongé dans un état de sidération, dans un mélange complexe d'émotions entre tristesse, écoeurement, colère ou abattement. Si consommer, travailler, produire revient à détruire, à quoi bon continuer ? Quel est le sens de tout cela ?

J'aurais bien voulu adopter le comportement de ceux qui se réfugient dans le déni. Se mettre la tête dans son nombril et se dire que tout ceci n'existe finalement pas. Je vous promets j'ai essayé ! Et je vous le dis tout de suite, je n'ai pas réussi. Probablement parce que je ne suis pas comme cela, probablement parce que je suis incapable de ne pas voir, de ne pas entendre ce qui se passe autour. Probablement parce que j'ai voyagé partout autour du monde et vu la beauté de l'humanité et de la nature. Probablement parce que j'ai des enfants et que je ne supporte pas l'idée qu'ils grandissent et deviennent adultes dans un monde fait de souffrances et de destructions.

J'aurais bien voulu adopter le comportement de ceux qui arrivent à s'adapter à tout cela. Ceux qui s'enrichissent sur la souffrance des autres. Ceux qui trouvent toujours des opportunités pour tirer la couverture à eux. C'est facile, les opportunités en question ne manquent pas. C'est d'ailleurs paradoxale, il est plus facile aujourd'hui de gagner sa vie en détruisant l'environnement que de gagner sa vie en le défendant. Bref, il est plutôt aisé aujourd'hui de développer des services et des produits dont personne n'a besoin. Les gens sont friands de tout cela. Je suis désolé mais je ne parviens pas à me résoudre à gagner ma vie sur la disparition du vivant.

J'aurais bien voulu rejoindre le camp de ceux qui font un peu chaque jour et se satisfont de cela. Bravo à eux qui parviennent à voir la beauté du monde tous les jours. A vrai dire j'en fais partie. Je me déplace à vélo en ville depuis quinze ans, je mange bio, je n'achète pas de plastique, je ne suis pas présent sur les réseaux sociaux, je privilégie le local dans les commerces locaux, j'ai renoncé depuis des années à gagner de l'argent issu d'activités polluantes, je donne mon sang, mes plaquettes, mon plasma depuis vingt ans …. Bref je ne suis pas un modèle mais quand même !!! Qu'ils essaient de me suivre … Simplement je n'arrive pas à me satisfaire de tout cela. Simplement tout cela ne suffira pas.

Comme dans une chanson de Souchon, un beau matin fatigué, je me suis assis sur le trottoir d'à côté. J'ai observé ce monde rendu fou. Comme dans une chanson de Souchon, je fais le pari qu'il n'y a pas que moi, assis par terre comme cela.

Le réchauffement climatique est un bouleversement

Réchauffement climatique : Modification du climat de la Terre, caractérisée par un accroissement de la température moyenne à sa surface (Larousse)

Effet de serre : phénomène de réchauffement de l'atmosphère induit par des gaz qui la rendent opaque au rayonnement infrarouge émis par la Terre (Larousse)

Dire que le changement climatique est une réalité d'une part, et qu'il y a et aura des conséquences dévastatrices sur la vie en général d'autre part, est d'une banalité sans nom. Comme beaucoup d'évidences, celle-ci doit pourtant être répétée. Il y a et il y aura toujours des sceptiques qui se réclament réalistes. Ils mettront en cause l'évidence au nom d'un confort. Ils défendront un mode de vie qui leur va bien. Ils choisiront toujours la simplicité à la réalité d'une vie éminemment complexe. Contrairement aux scientifiques du monde entier, aux ONG, aux humanitaires qui n'ont rien à gagner à alerter et à montrer l'évidence, ceux là cherchent avant tout à ne pas se remettre en question pour continuer à tirer parti de leur propre situation.

Comment ne pas adhérer à ces thèses ? A ma gauche l'effondrement de la société et la nécessaire remise en cause de ce qui l'édifie depuis des dizaines d'années, à ma droite la possibilité de garder ce confort illusoire puisque tous ces trucs de réchauffement climatique n'existent finalement pas (d'ailleurs vous avez eu l'été pourri qu'on a eu !!!) !

Le monde dans lequel nous vivons est le résultat d'une lente (des milliards d'années tout de même!) et fragile évolution. N'en déplaise aux fous de dieu de tous bords, l'être humain n'est pas né dans un claquement de doigt. Le monde n'a pas été crée autour de lui pour être à son service. Non, en vrai, cela ne s'est pas passé comme cela. Dieu n'a pas crée l'homme à son image (ce qui, au passage, signifie que nous ne sommes pas des dieux, des créatures parfaites, pour ceux qui le pensaient encore). Mais voilà, l'être humain a toujours cherché à comprendre l'inexplicable. Nous détestons le vide et nous sommes capables d'inventer de belles légendes.

Elles correspondent à la réalité d'une époque. Une époque dans laquelle les connaissances scientifiques n'étaient pas celles d'aujourd'hui. Elles correspondent aussi au besoin de contrôler et d'assurer une autorité spirituelle sur les peuples. Les religions ne servent qu'à cela.

Darwin et les philosophes des lumières sont passées par là depuis et nous connaissons d'autres histoires, celles de l'évolution, celles de la responsabilité et de la liberté des peuples. Depuis, les universités du monde entier nous montrent autre chose, une autre réalité. Celle d'un monde du vivant extrêmement vulnérable.

Cet équilibre fragile a permis la vie sous toutes ses formes. Il a permis à celle ci de se développer et de se maintenir. Bouleverser cet équilibre a des conséquences.

Elles sont visibles. Il suffit d'accepter de prendre le temps de les observer.

Voilà le moment pénible. Celui de l'inventaire d'une évidence. Qui a envie de regarder tout cela? C'est pourtant nécessaire.

Selon L'UICN[1], près de 30% des espèces sont aujourd'hui menacées de disparition. Dans l'hypothèse basse, le rythme de disparition est 100 fois supérieur au taux normal d'extinction. On parle alors de la sixième extinction de masse. Contrairement aux précédentes, celle ci se déroule sur une échelle de dizaines d'années. Qui sera assez fou pour prétendre que tout cela n'aura aucune conséquence sur nos vies ?

Selon l'ONG Global Footprint Network[2], le 29 juillet 2021 correspond au jour du dépassement. Concrètement à l'échelle d'une année, notre empreinte écologique a dépassé la bio-capacité de la planète après sept mois. A partir du 30 juillet 2021, jusqu'au 31 décembre 2021, nous empruntons des ressources à la planète et nous empêchons ainsi à ces ressources de se renouveler. C'est comme si on empruntait chaque année la moitié de notre budget à un créancier qui n'a pas les moyens de nous prêter et que nous

[1] Union Internationale pour la Conservation de la Nature. Elle regroupe 1300 organismes membres et 15 000 experts présents dans 160 pays.

[2] ONG américaine qui développe des outils pour faire progresser le développement durable et assurer un avenir où l'ensemble des êtres humains pourront vivre dans les moyens de la Terre.

ne remboursons jamais. Qui sera assez fou pour croire que ce modèle peut continuer encore longtemps ?

Selon le ministère de la transition écologique, la décennie 2010-2019 a été la plus chaude jamais enregistrée sur Terre, battant le record précédent établi par la décennie 2000-2009. La température globale a augmenté de 1°c depuis la fin du XIXème siècle. En France, l'année 2020 a été la plus chaude battant les records établis en 2019, en 2018 et en 2014. Le rythme de hausse de température est effrayant. Les conséquences se mesurent sur l'état de la calotte glaciaire au Groenland qui s'est réduite en moyenne de 268 giga tonnes par an entre 2002 et 2019. Les conséquences sont aussi visibles plus près de chez nous. La Mer de Glace et le glacier d'Argentière ont perdu respectivement un tiers et un quart de leur masse depuis le début du XXème siècle. Dans les Pyrénées, le glacier d'Ossoue a perdu trente mètres d'épaisseur et sa superficie est passée de 58 à 32 hectares. Qui sera assez fou pour prétendre que de tels bouleversements soudains n'auront pas de conséquences dramatiques ? Faut il rappeler que les cours d'eau en Europe et dans le monde viennent des montagnes et permettent l'alimentation en eau des grandes métropoles ainsi que l'agriculture dans les plaines ?

Selon MapBiomas Amazonia[3], près de 72 millions d'hectares de forêts amazoniennes ont disparu en 34 ans (soit la superficie du Chili). Nous rappelons que la forêt amazonienne n'est pas uniquement le poumon de la Terre. Elle est aussi le lieu de vie de civilisations, d'espèces animales et végétales uniques. Elle est enfin un élément essentiel dans la régulation du climat global. Qui sera assez fou pour prétendre que ceci n'aura pas d'impact ?

Selon le WWF[4], 8 millions de tonnes de plastique finissent chaque années dans les océans. Selon le Sénat, 94 000 tonnes de pesticides ont été utilisées par l'agriculture en France en 2000. Selon un article des Echos Planète, les ventes de pesticides ont augmenté de 25% entre 2008 et 2018. Selon une étude publiée dans la revue PLoS One, près de 70% des

---

[3] Organisme multi-institutionnel qui regroupe des universités, des ONG et des entreprises afin de mieux comprendre l'impact des transformations en Amazonie.

[4] Fond Mondial pour la Nature (World Wild Fund for Nature). Le WWFa pour objectif d'offrir aux générations futures une planète vivante.

insectes ont disparu en Europe entre 1989 et 2016.

Qui sera assez fou pour croire que la disparition des insectes de nos champs, de nos prairies, de nos villes n'aura aucune conséquence ? Qui sera assez fou pour croire que la dispersion massive de produits chimiques, matières plastiques, produits phytosanitaires et produits vétérinaires dans la nature n'aura pas d'impact sur notre santé ?

Selon les Nations Unies, un quart de la population mondiale est en situation de stress hydrique sur l'ensemble des continents. Selon le scénario actuel sur le changement climatique, d'ici 2030, la moitié de l'humanité vivra en situation de pénurie d'eau forçant à la migration plusieurs centaines de millions de personnes.

Le réchauffement climatique et la perte de la bio diversité sont deux enjeux fondamentaux. Ils sont liés et ont pour responsable l'activité humaine. Et, a priori, cela n'évoluera pas dans le bon sens.

Comment pourrait il en être autrement ?

Histoire : Mémoire que la postérité conserve des faits et des personnages du passé (Larousse)

Capitalisme : Système économique dont les traits essentiels sont l'importance des capitaux techniques et la domination du capital financier. Régime politique, économique et social dont la loi fondamentale est la recherche systématique de la plus-value, grâce à l'exploitation des travailleurs, par les détenteurs des moyens de production, en vue de la transformation d'une fraction importante de cette plus-value en capital additionnel, source de nouvelle plus-value. (Larousse)

Comment pourrait il en être autrement alors que l'homme est ainsi fait (je sais ce n'est pas glorieux). Depuis la nuit des temps, nous sommes programmés pour veiller à notre propre sécurité. Le problème majeur c'est que cette veille s'effectue maintenant d'une part et juste devant notre nez d'autre part. En clair, le danger lointain n'est pas un danger. Il en deviendra un lorsqu'il sera nous notre nez. A cet instant, ce danger ne sera pas véritablement un problème, puisque nous savons exactement quoi faire. Nous le faisons et le maitrisons depuis la nuit des temps : fuir ou se battre. Par ailleurs, nous sommes des êtres sociables, nous souhaitons (et c'est tant mieux) profiter de ce que la vie peut nous offrir en terme de divertissements et d'innovations.

Il suffirait alors de nous donner du pain, des jeux et la sensation d'appartenir au camp le plus fort et on sera bien contents ! Nos besoins sont satisfaits. Tout va bien. Ainsi nous attendons de ceux à qui on délègue la responsabilité de gérer la chose publique (les politiques) de combler ces besoins de sécurité et d'appartenance. Les politiques en question l'ont bien compris. Ils ont compris qu'ils seraient jugés non pas sur le monde dans dix ou vingt ans mais bien sur les résultats visibles cinq ans après leur élection. En clair la postérité on s'en fout un peu ! Ce qui compte c'est la réélection. Dès lors vous pouvez vous agiter pour expliquer au peuple qu'il va falloir anticiper et changer les comportements pour un truc qu'il ne voit pas encore devant ses yeux, il y a peu de chance que vous soyez entendu. Vous souhaitez gagner une élection : parlez leur de leur quotidien difficile et montrer leur que vous êtes à la hauteur. Pour la présidentielle de 2022, tout cela portera le nom de sécurité, de perte d'identité (pas de quoi être fier) et de gestion de crise sanitaire.

Comment pourrait il en être autrement alors qu'un seul modèle (celui de l'homme, blanc, européen et chrétien) s'est imposé à travers le monde ? A la sortie du Moyen Age, les Européens connaissent une période de prospérité économique, scientifique et artistique : c'est la Renaissance. C'est le début des grandes expéditions. On veut découvrir le monde et on lance des projets de navigation. En 1492, Christophe Colomb découvre l'Amérique (tout en croyant être en Inde), et découvre ainsi que l'Amérique était peuplée et avait donc déjà été … découverte ! On va relativiser tout de suite la prouesse : à ce moment là, cela fait déjà quelques centaines d'années que les polynésiens ont peuplé le pacifique en se déplaçant sur des grandes pirogues … Peu importe l'histoire est en marche. Les Européens vont coloniser ce nouveau monde, qu'ils étaient les seuls à ignorer, et participer ainsi avec la bénédiction de l'Eglise catholique aux premières exterminations massives de l'histoire de l'humanité. C'est réglé pour les amérindiens (à partir de combien de millions de morts on parle de génocide ?) à la fois au Nord et Sud. Pour les africains on parlera plutôt de déportation massive qui enrichira les marchands d'esclaves en Europe. En quelques siècles, la colonisation du monde par les Européens est une chose actée. A la veille de la première guerre mondiale, l'ensemble de l'Afrique est une colonie européenne. Aujourd'hui, sur l'ensemble du continent américain, seules quatre langues, toutes européennes, sont parlées. L'Océanie a été entièrement colonisée par les français et les anglais. L'Empire Britannique (qui continue de faire fantasmer des pro-brexit au nom d'un monde qui n'existe plus) a été le plus vaste empire de l'histoire de l'humanité. Tout ceci a des conséquences.

Elles sont pour certaines peu palpables. On parle alors de problématiques d'identités, de recherche de cultures ou de ce qui fait la nation. Les conséquences peuvent être aussi très concrètes : les seules nations que l'on n'a pas pu coloniser sont celles avec qui nous connaissons le plus de problèmes géopolitiques : la Chine et la Russie.

Là où cela continue à déconner, c'est qu'il parait logiquement impossible de faire machine arrière. Les civilisations qui ont disparu ne reviendront pas. Les personnes déplacées, dont les descendants se battent encore aux Etats Unis pour leurs droits, n'obtiendront pas réparation. Il n'y a, depuis longtemps, plus personne à indemniser, plus personne à condamner. Aujourd'hui, les occidentaux ne savent qu'employer la force pour s'adresser aux autres nations. Et on constate régulièrement que ce mode de communication n'est pas soutenable.

Comment pourrait il en être autrement alors que le capitalisme, la recherche du profit est la base de notre système économique ? Autorisons nous un nouveau retour en arrière. Au début du XIXème siècle, les hommes exploitent depuis des siècles les ressources forestières. Devant le risque d'un renouvellement trop lent de celles ci et le coût trop élevé des prélèvements, les hommes recherchent une ressources plus abondante et avec un pouvoir énergétique supérieur. Il la trouveront avec la houille. Le problème de la houille c'est qu'il faut des ouvriers (des mineurs de fond) pour l'extraire. Du coup cela coute cher et il faut gérer les tensions sociales inévitables lorsqu'on envoie des centaines d'hommes extraire du charbon par cent mètres de fond. On cherche alors une énergie qui ne nécessite pas trop de main d'oeuvre, qui soit abondante et pas chère à extraire. Ce sera chose faite en 1859 avec le premier puit de pétrole en Pennsylvanie. Plus tard ce sera le gaz naturel, puis l'énergie nucléaire. C'est réglé pour l'aspect énergétique mais à quoi cela sert il ?

La révolution industrielle est marquée par l'invention de la machine à vapeur. Des manufactures qui deviendront des usines sont créées dans le monde entier. Elles nécessitent des investissements importants et une main d'oeuvre conséquente. Ces besoins ont deux conséquences : la capitalisation des moyens de production d'une part et la création d'un système de classes d'autre part.

La capitalisation introduit la finance dans le monde du travail avec la recherche permanente du retour sur investissement et des gains de productivité. Elle crée les premières inégalités et notamment les écarts en terme de rémunération. On investit désormais dans les usines pour avoir un profit maximal et on désinvestit largement lorsque le profit n'est plus là ou plus intéressant ailleurs. Associés à des innovations technologiques sans précédent, ces profits sont décuplés. C'est le début de la production de masse qui nécessite des moyens financiers de plus en plus importants. C'est le début de l'âge d'or des banquiers et des financiers. Londres devient la capitale mondiale de la finance pour orchestrer le commerce mondial issu de ses colonies et anciennes colonies américaines.

On distingue dès lors les personnes selon la classe à laquelle ils appartiennent : patronat vs prolétariat. A chacun sa lutte : entre les dockers des ports européens et les grandes entreprises du commerce mondial, entre les mineurs de fonds et les entreprises du charbon, entre les ouvriers des usines et les grandes manufactures. Les luttes politiques et syndicales seront centrées sur ces écarts entre les classes pendant près d'un siècle. On défend les droits des chômeurs et des ouvriers avec l'objectif avoué de faire en sorte que tout le monde ait les moyens de participer à cette société de consommation. Les enjeux politiques du XXème siècle seront axés sur la recherche permanente d'un équilibre entre ces différentes parties (financiers, patronats et ouvriers) afin de garantir la création continue de richesses et donc la croissance. Seul le monde paysan semble un moment oublié de tout cela. Il ne le sera plus lorsqu'on lui imposera une modernisation accrue pour de meilleurs rendements dans la seconde partie du XXème siècle.

Tout cela continue donc de déconner. Le monde est devenu un supermarché dans lequel tout s'achète et tout se vend. Le modèle capitaliste imposé par les nations occidentales et donc fortement aidé par la colonisation, est devenu le modèle unique qui régit les échanges commerciaux mondiaux.

Alors bien sur il y a eu des différents, des désaccords. Il y a eu des sociétés, des groupes d'individu qui auraient voulu faire les choses différemment. Nous ne parlons pas ici des civilisations colonisées et démantelées, celles ci n'ont pas trop eu le choix.

Longtemps, des hommes et des femmes ont cru à un autre modèle. Un modèle dans lequel l'égalité serait au coeur de l'économie. Un modèle dans lequel les ouvriers, les paysans auraient leur mot à dire, un monde dans lequel ils seraient décisionnaires de leur propre avenir, un monde dans lequel agir en collectif aurait un sens. Un monde dans lequel la consommation et la production ne seraient pas au coeur de nos vies. A Santiago, à Buenos Aires, à Prague, à Léningrad, à La Havane, à Madrid, ils ont essayé, ils se sont battus. Ils ont perdu, vaincus par la volonté irrépressible des hommes d'exercer un pouvoir, vaincus par la volonté irrépressible de conserver un système. La chute du mur de Berlin a entériné une situation : celle de l'échec, depuis longtemps consommé (personne ne pleurera, à juste titre la chute du bloc soviétique), d'une alternative à un monde capitaliste.

Depuis, les leaders économiques ont décidé de délocaliser les productions dans des pays qui ne respectent pas les droits de l'homme, dans lesquels les conditions de travail sont indignes. Depuis les consommateurs se sont précipités dans des enseignes discount, dans des chaines de magasins pour acheter des produits fabriqués à l'autre bout du monde parce qu'ils sont moins chers !

Evidemment, la recherche permanente d'une plus grande marge, d'un profit plus important, d'un retour sur investissement plus rapide a un cout. Il se mesure à la hauteur des usines fermées en France et des ouvriers licenciés. Il se mesure à la hauteur des catastrophes industrielles comme à Bhopal[5], à Abidjan[6], à Dacca[7], à Seveso[8], à Doha[9]. Il se mesure à la hauteur des catastrophes écologiques (Erika, Amoco Cadiz, Prestige, Exxon Valdez[10] …). Il se mesure à la hauteur des catastrophes silencieuses, des violations des droits de l'homme, des accords avec des régimes corrompus et dictatoriaux.

Nous vivons dans un univers capitaliste. La création de richesses issues de la production et de la consommation est devenu l'indicateur

---

[5] Accident chimique dans une usine américaine de production de pesticides dans le centre de l'Inde en 1984. Le bilan est de 20 000 victimes (dont 3 500 la première nuit) et de 300 000 malades.

[6] En 2006, le déchargement de 500 tonnes de déchets toxiques du Probo Koala provoque l'empoisonnement de dizaines de milliers de personnes

[7] Effondrement du Rana Plazza qui abrite des ateliers de confection pour les grandes marques internationales. Le bilan est de plus 1 100 victimes

[8] Accident chimique en Lombardie en 1976. La fuite d'un nuage d'herbicides contenant de la soude caustique et de la Dioxyne à l'origine de la contamination de 300 hectares et de la mort de dizaines de milliers d'animaux d'élevage.

[9] 6 500 ouvriers étrangers sont morts sur les chantiers de la coupe du monde 2022 organisée au Qatar.

[10] Noms de navires dont le naufrage a provoqué ces 40 dernières années de gigantesques marées noires dévastant des centaines de kilomètre de côte

unique et mondial de la bonne santé (économique) d'une société.

Comment pourrait il en être autrement alors que l'être humain ne connait qu'un mode de résolution des désaccords : le conflit. L'Histoire ne manque pas d'exemples. On maîtrise l'art de faire la guerre et bien souvent de la perdre. On se bat au nom d'un dieu qui serait forcément plus fort que les autres dieux qui, comme chacun sait, ne sont pas des vrais dieux. On se bat pour s'accaparer les ressources naturelles. On se bat pour faire diversion et pour qu'on ne voit pas trop combien on est mauvais (voire dangereux). On se bat pour se maintenir au pouvoir ou pour accéder au pouvoir. On se bat pour défendre des frontières, on se bat aussi pour défendre des droits. Tous ces conflits ont en commun, au départ, la vanité de l'homme et l'ignorance des peuples (qui sont tous persuadés qu'ils sont forcément plus forts que les autres). Tous ces conflits ont en commun, pendant la guerre, le massacre des générations qui se battent (ceux qui sont en première ligne persuadés d'être en mission pour la patrie, pas ceux qui sont derrière à organiser un nouvel assaut meurtrier). Tous ces conflits ont en commun à la fin un désastre humanitaire que l'on fait semblant de déguiser en victoire (si on est dans le bon camp) à grand coup de décorations et d'édifications de monuments. Bref, on se bat pour montrer qu'on a le plus gros missile, le plus bel avion de chasse, la bombe nucléaire la plus puissante ... Cro-magnon un jour, cro-magnon toujours !

Alors, voilà, il ne peut pas en être autrement. Le XXème siècle a accouché d'un monde uniforme dont les occidentaux sont les rois, un monde dicté par une seule doctrine : le capitalisme.
Pourtant, en 1972 (il y a cinquante ans tout de même), le rapport Meadows indiquait qu'il ne pouvait pas y avoir de croissance infinie dans un monde fini ! Là forcément ça pose un peu question, pas longtemps parce qu'on trouve la parade très vite : il faut faire confiance à l'intelligence humaine, on trouvera toujours une solution. Bon, cela fait cinquante ans et il n'y a toujours pas de solution mais c'est pas grave, ça va venir !

En attendant, on tourne la page du siècle et du millénaire et on se lance, les deux pieds en avant, dans deux dizaines d'années de crises.

2001 - 2021 : Paie ta crise !

Crise (nom féminin) : Manifestation violente d'un état morbide, survenant en pleine santé apparente

Krisis (grec) : moment décisif dans l'évolution d'un processus incertain

Nous connaissons, en ce début de siècle, un cumul de crises inédit. De plus en plus nombreuses, de plus en plus complexes car interconnectées, les crises nous renvoient à l'image du monde dont nous avons hérité et que nous continuons de construire.

Ces crises sont avant tout une crise du sens. Au sens propre, elles nous interrogent sur la direction que nous prenons ou plutôt sur les directions parfois contraires ou opposées que nous sommes amenés à prendre. C'est la crise du vivre ensemble quand chacun cherche à tirer la couverture à soi. **Il n'y a pas de sens commun voire, osons le dire, de bon sens.** Au sens figuré et forcément plus individuel, elles nous interrogent sur le sens que nous voulons donner à nos vies forcément courtes et différentes. Elles nous forcent à nous poser la question : **A quoi tout cela sert il ?**

Crise individuelle : Moi je veux passer à la télé !

Souvenons nous de ce générique que tout le monde avait en tête en ce début de siècle. En France, pour la première fois, une émission de télévision proposait d'enfermer des volontaires dans une maison transformée en studio télé. C'est le début de la télé-réalité. Le modèle sera répliqué avec des variations (en musique, en cuisine, sur une ile déserte, pour trouver l'amour, entre « régionaux » …). Ce modèle, qui donne l'illusion à chacun de devenir une star, est la révolution sociologique du XXIème siècle. L'individu pris isolément a la parole et l'attention d'un public. Ce qu'il dit a de la valeur, il provoque des réactions. Depuis les réseaux sociaux ont pris le relais. Ils permettent à chacun de raconter sa vie, réelle ou fantasmée. Ils permettent au plus grand nombre de donner son avis dans le but d'acquérir un public toujours plus nombreux. La valeur d'un individu est ainsi mesurable à travers le nombre de followers ou d'abonnés. Diffuser du contenu de qualité est devenu un métier. On se transforme en douceur en chaine de télé individuelle. On fait la course à l'audimat pour tenter de capter un public et de le fidéliser. Les réseaux sociaux s'occupent de la partie publicité. Influencer les gens devient un métier, pire une vocation.

Ne cherchez plus les grands Hommes si chers à notre besoin de vivre ensemble et à se fédérer derrière une grande cause. Ne cherchez plus les décideurs politiques capables de dessiner un avenir commun. Ils sont perdus dans la masse des centaines de milliers de messages postés chaque jour. Se faire entendre revient à ce moment là à chercher le buzz permanent. Il faut faire plus fort que les autres pour espérer être audible. C'est le moment pour les radicaux et pour les extrémistes. Ce n'est plus le temps de la nuance et du bon sens. On donne la parole dans les médias aux citoyens lambdas qui se croient ainsi titulaires d'une vérité globale. L'information n'est plus hiérarchisée. Il n'y a plus de vision globale mais la somme de micros évènements. Il faut alors faire un effort pour chercher l'information émise par une personne qualifiée. Habitués à consommer des vidéos de 3 minutes, nous devenons de moins en moins capables de nous concentrer sur un article de fond qui nécessite dix minutes de lecture.

Quand une femme d'une vingtaine d'années explique à ses millions (oui, ses millions) d'abonnés francophones qu'elle est très fière de son nouveau vagin grâce à l'opération qu'elle a eu et qu'elle pense que c'est important d'avoir un beau vagin, on peut regretter l'époque où ce genre de conversation était limitée au bar du coin et où on pouvait dire « ta gueule Chantal ! ». Quand un père de famille utilise ses enfants pour faire la promotion de la société de consommation et séduire ainsi des millions (oui, encore des millions) d'abonnés, on peut regretter l'époque où on pouvait s'adresser directement aux gens et dire « putain, Jean Claude t'es trop con! ».

Donner la parole à tout le monde revient à donner la parole à personne.

Dans cet univers où la recherche du buzz permanent est la seule règle de communication, dans cet univers de publication à outrance de contenu émis par n'importe qui, la lecture du monde devient de plus en plus complexe. Naturellement l'attention se portera alors vers ceux qui font plus fort, vers ceux qui simplifient le message, vers ceux qui parleront avant tout de ce qu'on a envie d'entendre. Ces gens là sont des populistes, qui font usage de démagogie et qui bâtissent leur succès sur la misère matérielle, affective et intellectuelle des peuples. L'histoire nous a appris dans quel monde ils sont capables de nous propulser.

Crise numérique : derrière l'écran

Internet est la révolution technologique du XXIème siècle. Elle permet, nous venons de le dire, la diffusion large, permanente et globale de contenus. Elle permet aussi la commercialisation de nouveaux services. Elle simplifie la vie de milliards d'individu. Comment ne pas se satisfaire du gain de temps pour acheter un billet de train, déclarer ses impôts ou encore faire ses courses. Tout est accessible facilement en quelques clics. Cela permet de communiquer facilement avec ses proches et même d'assurer une continuité pédagogique et le télétravail en cas de pandémie. Bientôt, cela nous permettra d'avoir des voitures autonomes, des robots qui assureront les livraisons.

Elle permet aussi la diffusion large et massive de la connaissance. Elle permet, noyée dans l'ineptie, la parole des citoyens, des ONG, des associations qui veulent changer les choses. Elle permet les alertes et les cris d'alarme. Elle permet la diffusion de ceux qui arrivent, encore, à vivre autrement et de ceux qui essaient.

Perdus au milieu des innovations technologiques, de la course à l'audimat, de la folie d'une présence partout tout le temps, de vouloir tout maîtriser, nous nous retrouvons esclaves de nos écrans. Selon une étude du Global Web Index, les internautes du monde entier ont passé quotidiennement 2 heures 20 minutes sur les médias sociaux en 2020. On faisait quoi avant de ce temps là ?

Derrière l'écran, il y aussi des addictions profondes aux diverses notifications. Il y l'accaparement de notre temps libre gagné paradoxalement grâce à ces innovations. Il y a une modification de nos comportements de plus en plus solitaires, de plus en plus sédentaires. Il y a un risque pour la santé physique et psychologique des jeunes générations.

Derrière l'écran il y a une perte de repère de la valeur des choses. Lorsqu'on se retrouve à 8 ans ou à 11 ans à posséder un objet dont la valeur est estimée à plusieurs centaines d'euro et qu'on trouve cela normal c'est qu'on a raté quelque chose.

Derrière l'écran il y a des compagnies gigantesques qui s'enrichissent grâce à l'exploitation commerciale des données personnelles de milliards de consommateurs largement consentants. La puissance financière de ces compagnies mondiales n'a pas d'équivalent dans l'histoire. Elles deviennent plus puissantes que certains états. Grâce à ces données elles sont capables de mesurer ce qu'aucun dirigeant politique démocratiquement élu n'est capable de faire. Grâce à ces données, elles sont en mesure d'influencer des campagnes électorales ou les choix de consommation de milliards de personnes. Derrière l'écran, il y a un véritable enjeu démocratique : qui décide de quoi ?

Derrière l'écran, les services et les produits proposés, il y a la destruction massive d'emplois. Certains n'existent plus, d'autres nécessitent beaucoup moins de ressources grâce aux gains de productivité possibles.

Derrière l'écran il y a des matériaux, des batteries, des semi-conducteurs. Pour exister ceux ci ont besoin de minerais. Derrière l'écran il y a des mines qui sont autant de désastres écologiques. Derrière l'écran il y a des hommes et des femmes qui les fabriquent dans des conditions indignes. Derrière l'écran il y a des enfants qui les recyclent.

Derrière l'écran il y a la course à l'innovation (un nouveau modèle par an) qui nous permet d'accéder à de nouvelles fonctionnalités que nous n'avons jamais demandées et que, pour la majorité d'entre elles, nous n'utiliserons pas.

Derrière l'écran il y a un besoin croissant d'énergie (+10 % chaque année) et qui sont autant de gaz à effet de serre rejetés dans l'atmosphère chaque année selon un rapport de France Stratégie.

Jamais dans l'histoire de l'humanité nous n'avons été exposés à de telles innovations technologiques. En quelques années ces innovations ont fait l'objet d'un consensus global, individuel, collectif ou politique qui n'est jamais remis en question. Nous avons depuis longtemps inversé la tendance. La technologie n'est plus au service l'être humain. Puisque c'est maintenant possible : faisons le ! Je n'ai pas peur que les innovations ou les intelligences artificielles deviennent tellement puissantes qu'elles remplacent l'être humain. Je crains que l'être humain s'abaisse au niveau de la technologie. J'ai peur que l'être humain adopte un système de réflexion binaire au service d'un développement technologique qui ne servira pas le progrès. J'ai peur que les heures passées quotidiennement devant les écrans fassent de nous des crétins incapables de se remettre en question, d'apprendre de ses erreurs, incapables de comprendre, d'apprendre et de progresser.

Crise Internationale : l'effondrement d'un mythe

Les crises internationales que nous connaissons depuis vingt ans peuvent être résumées par ces quelques mots : l'effondrement d'un mythe. Le premier mythe est celui d'une super puissance américaine. Les Etats Unis ont été le gendarme du monde au XXème siècle. Ils sont intervenus massivement pendant les deux conflits mondiaux faisant ainsi coïncider leurs interventions avec le tournant des conflits et la fin de ceux ci. Ils ont massivement investit dans la reconstruction de l'Europe de l'ouest. Ils ont gagné la guerre froide et diffusé une culture et un mode de vie dans le monde entier. L'Amérique a diffusé son mythe de pays de la liberté, dans lequel tout est possible. Pourtant, cet expansionnisme a connu des limites et des contestations. L'Amérique est ainsi la seule puissance à avoir utilisé à deux reprises l'arme nucléaire envoyée délibérément sur des civils. L'Amérique a participé activement à la déstabilisation de régimes démocratiquement élus en Amérique du Sud. La puissance militaire américaine a été remise en question en Corée et au Vietnam.

Le second mythe est celui d'une autorité supra nationale capable de régler pacifiquement les différents entre les nations. C'est celui des Nations Unies.

11 Septembre 2001, une vingtaine de personnes, cinq cent milles dollars et au final quatre avions changent la face du monde. Il n' y a pas d'explication ou de justification à l'innommable, mais la réaction la plus simple à tout cela est : le géant américain aurait il des pieds d'argile ? L'Amérique est attaquée, son autorité internationale est remise en cause. L'opinion publique réclame vengeance, il faut que quelqu'un paye. Les Etats Unis vont réagir comme ils savent le faire : militairement et

massivement. En quelques mois, l'intervention militaire en Afghanistan va permettre de chasser du pouvoir les talibans et de rétablir un régime démocratique. Le monde entier applaudit l'efficacité made in US. Mais voilà cela ne suffit pas. L'autorité américaine a été remise en cause. Il faut taper plus fort, montrer qui sont encore les patrons. Les dirigeants américains inventent alors des armes de destructions massives en possession du dirigeant irakien. Ils mentent délibérément devant les Nations Unies et lancent l'intervention américaine en Irak. En quelques semaines le régime chute (personne ne va le pleurer). Très vite l'administration Bush déclare la fin des opérations militaires sur les deux théâtres d'opérations afghans et irakiens. C'est un succès (en particulier pour l'industrie militaire américaine), rien à ajouter.

On connait l'histoire. Il y aura finalement plus de soldats américains tués en Irak et en Afghanistan que de morts pendant la journée du 11 septembre. Surtout les américains, faute d'avoir réfléchi à la suite, échouent à mettre en place une solution démocratique et pacifique dans les deux pays. Ils se discréditent aux yeux du monde à cause d'une intervention militaire non justifiée, de scènes de tortures en Irak et à Guantanamo et de civils tués lors de « dommages collatéraux ». Les accords tacites avec un régime corrompu en Afghanistan conduiront au retour au pouvoir des talibans.

Le chaos et le désordre laissés en Irak permettra, par la suite, l'essor de l'Etat Islamique bien aidé par la guerre civile en Syrie.

La France ne fera pas mieux en Libye. Après avoir reçu, avec les honneurs à l'Elysée (beurk !), le dirigeant libyen (pourtant condamné à de nombreuses reprises par la communauté internationale), le président de la République de l'époque enverra les rafales pour précipiter la chute du régime. Comme les dirigeants américains, il viendra sur place pour annoncer la victoire et se retirera après laissant les libyens dans le chaos et la guerre civile. Personne ne pleurera la chute d'un régime tyrannique, mais en agissant ainsi les nations occidentales maintiennent un schéma : celui d'un gendarme qui punit et qui se retire au moment où on a le plus besoin de lui. Ce schéma ne fonctionne plus. Les conséquences sont des guerres civiles, des violations des droits humains ou des migrations forcées.

La communauté internationale est malmenée. Incapable de réagir à la crise syrienne, à l'annexion de la Crimée par la Russie, à la volonté d'expansionnisme de la Chine, aux massacres des Ouïgour, à la répression à Hong Kong. Elle ne peut pas réagir aux conflits en Somalie, en Ethiopie ou en Érythrée. Le mythe des casques bleus qui stoppent le conflit en Yougoslavie a vécu.

Il n'y a aujourd'hui que les nations d'Europe de l'ouest qui croient encore au multilatéralisme. Nous vivons une époque paradoxale. Celle de la multiplicité d'instances et d'organismes qui permettent le dialogue entre les nations et celle de l'impossibilité d'agir ensemble.

Alors forcément quand on attend de ces nations de se mettre d'accord pour adopter des plans contraignants pour préserver la diversité de la vie sur Terre, ça coince ….

Crise économique : travaille !

Dans une logique de création de richesses basées sur la production et la consommation, il est logique que tout le monde participe à l'effort national et donc que chacun travaille. La société est donc divisée en deux groupes : le premier fait l'effort de travailler, gagne de l'argent et en reverse une bonne partie sous forme de taxes et d'impôts qui permettent à l'autre partie, qui ne travaille pas, de bénéficier d'avantages sociaux et d'allocations grâce aux principes, sacrés, de la solidarité nationale. Voilà le tableau.

La recherche des politiques publiques a été et est toujours de faire en sorte que les premiers ne soient pas trop taxés (il faut que le travail paie) pendant que les seconds ne soient pas trop nombreux pour équilibrer les comptes publics et en particulier ceux des assurances chômage et des différentes allocations.

Depuis quarante ans, le taux de chômage est l'alpha et l'oméga des politiques (en 2016, un président de la République en fait même la condition d'une nouvelle candidature). On est réélu si on arrive à faire baisser le taux de chômage et l'alternance politique des dernières dizaines d'années nous apporte une seule garantie sur le sujet : on a tout essayé. Avec le constat amer de voir qu'on n'y arrive pas.

Pourtant il est vrai que le travail est essentiel dans nos vies. Au delà du confort économique issu du revenu qu'on en tire, le travail permet de s'améliorer, de développer ses compétences et d'apprendre tout au long de la vie. Il représente aussi un fort sentiment d'appartenance à un collectif et donne du sens à nos vies. On travaille aussi pour la réussite d'une entreprise.

Il y a aujourd'hui en France plus de deux millions de chômeurs soit près de 8 % de la population active. Il y aussi 9,3 millions de personne qui vivent sous le seuil de pauvreté (INSEE). En 2001, il y en avait moins de 8 millions. Les politiques économiques menées depuis vingt ans n'ont pas réglé le taux de chômage. Elles n'ont pas réglé non plus la situation des personnes les plus fragiles sur le territoire. Près de 300 000 personnes vivent sans domicile en France (Fondation Abbé Pierre). Le nombre de repas servis aux Restos du Coeur a augmenté de 30 % dans les dix dernières années.

Les fermetures de sites industriels, délocalisés ou non, ont mis des milliers d'ouvriers dans des situations précaires. Les emplois peu qualifiés ont été supprimés et n'ont pas été remplacés. L'économie numérique, aujourd'hui largement subventionnée, pourra potentiellement permettre l'essor de géants français qui assureront une indépendance tant attendue et certainement nécessaire. Elle ne sera cependant pas créatrice d'emplois et ne comblera pas l'ensemble des postes supprimés au nom de la productivité.

Crise financière : on commence par quoi ?

On peut commencer par parler de la crise financière de 2008 qui deviendra une crise économique puis une crise de la dette capable de mettre certains états en grande difficulté.

Dans les années 2000, des crédits immobiliers sont proposés aux ménages les plus modestes aux Etats Unis. Ce sont les subprimes, des crédits à taux variables garantis par la valeur du bien immobilier. Tout le monde est content, les ménages peuvent devenir propriétaires, les banques commercialisent un produit garanti avec un potentiel de rentabilité très haut et les établissements financiers sautent sur l'occasion pour créer des produits financiers vendus dans le monde entier comme des produits garantis à fort rendement.

Tout va bien jusqu'à ce que la réserve fédérale américaine augmente ses taux directeurs. La première conséquence c'est que la valeur des biens immobiliers baissent. La seconde c'est que les taux variables des subprimes augmentent. Les ménages les plus modestes ne peuvent pas rembourser. Les biens sont saisis et mis en vente augmentant ainsi l'offre sur le marché et la baisse des prix de l'immobilier. Les banques émettrices de ces crédits se retrouvent alors en difficulté car incapables de se rembourser. Par ailleurs la large diffusion de supports financiers dans l'ensemble des banques du monde entier oblige celles ci à se débarrasser rapidement de ces placements toxiques et donc d'essuyer des pertes. C'est là ou la crise financière devient une crise économique. Les banques ne parviennent plus à assurer le transfert de liquidité entre elles et vers les entreprises. C'est aux Etats de jouer les garants : des dizaines de milliards d'euro sont alors prêtés à des grandes entreprises et à des établissements financiers. Pour cela les Etats empruntent ou font des coupes franches dans leur budget. C'est l'heure de l'austérité et on fait semblant de croire que c'est une bonne chose de faire, par exemple (ce n'est qu'un exemple), des coupes budgétaires à l'hôpital public.

La crise financière de 2008 a couté près de 1000 milliards d'euros à la France, presque la moitié pour les Etats Unis qui accuseront la perte de 9 millions d'emplois. Il y a quelques jours, je lis dans *Les Echos* que la titrisation des crédits immobiliers connait un volume record inégalé depuis 2007 aux Etats Unis. Même joueur joue encore ?

Depuis la crise financière, les banques européennes se sont vues imposer des nouvelles réglementations. Elles doivent désormais disposer de liquidités suffisantes. Leur solidité est régulièrement testée lors de « crash-test ». Depuis les banques européennes ont compris que pour préserver leurs bénéfices, il était nécessaire de comptabiliser ces bénéfices dans des paradis fiscaux (25 % de ces bénéfices tout de même). Elles rejoignent ainsi les multinationales et les particuliers fortunés qui utilisent massivement les mécanismes de l'évasion fiscale légale ou non. Ceci a un coût. C'est une perte de recettes fiscales de 427 milliards de dollars par an dans le monde dont 20 milliards pour la France (selon l'ONG Tax Justice Network). Autant de moyens qui ne sont pas orientés vers un développement durable.

La crise financière c'est aussi les fonds spéculatifs qui jouent avec le cours des matières premières notamment alimentaires au détriment des pays les plus pauvres. Spéculer sur les matières premières c'est parier qu'on peut gagner de l'argent sur la misère des gens (certains arrivent à vivre avec cela, personnellement je n'aimerai pas marcher dans leurs baskets). La crise agricole est alimentée par les spéculations faites sur les matières premières. Elle a des conséquences très directes sur le maintien de la paix au Magreb et au Sahel, deux régions qui ont connu des déstabilisations et des guerres civiles depuis dix ans.

Alors bien sur il y a la finance verte et l'investissement socialement responsable. C'est comme le bio : c'est meilleur mais c'est plus cher donc cela n'intéresse personne !
A propos, on parle de crise alimentaire ? Non, il n'y a pas de crise alimentaire ... ce n'est pas parce que 690 millions de personnes souffrent de la faim dans le monde en 2019 qu'il y a une crise alimentaire. Ce n'est pas parce que le nombre d'enfants obèses dans le monde est passé de 11 millions en 1975 à 124 millions en 2016 (auxquels il faut ajouter les 213 millions

d'enfants en surpoids) qu'il y a une crise alimentaire. Ce n'est pas parce qu'un agriculteur se suicide tous les jours en France qu'il y a crise alimentaire.

Tout va bien. On peut continuer à manger de la nourriture préchiée remplie d'eau, de sucres, de sels. On peut continuer à manger de la viande dopée aux produits vétérinaires, nourrie par du soja planté sur les ruines de la foret amazonienne et abattue dans des conditions de travail indignes. Vous saviez qu'un employé dans les abattoirs doit traiter près de 60 bovins ou 100 veaux par heure ? Ne vous inquiétez pas, pour tenir ils boivent et ils se droguent. Pas de crise alimentaire, je vous dis !

La crise sociale

En revanche, il y a une crise sociale. Celle d'un pays divisé et fragmenté. Dopé à la communication numérique et aux influenceurs de tous bords, les français rêvent de se faire entendre. Il y a tellement de choses qu'ils voudraient voir changer et tellement de choses qu'ils souhaiteraient immuables. C'est une perte de repère gigantesque. Il n' y a plus de leader politique ou syndical en mesure d'être entendu. Il n'y a plus de personnalités de la vie civile capable de porter un message fort d'unité. Nous sommes divisés. Finalement il n'y a qu'une chose qui nous rassemble : l'envie de consommer librement. Ou peut être le foot aussi. Il y a après tout un enjeu majeur en 2022 : l'équipe de France parviendra t elle à conserver son titre de champion du monde dans des stades construits dans des conditions indignes (6 500 morts parmi les ouvriers étrangers) et équipés de climatiseurs géants !

Le drame de notre époque c'est qu'il n'y a pas d'élément fondateur qui permettrait de regrouper la nation. En fait si, Il y en a un ! Il serait peut être temps de me mettre au coeur de nos actions !

Crise énergétique

Pour limiter le réchauffement à 1,5°c, il faudrait laisser dans le sol 60% du pétrole et du gaz et 90% du charbon. Cela veut dire concrètement inverser la tendance actuelle. Il faudrait commencer par extraire de moins en moins (ce que nous ne sommes pas en train de faire) et trouver des solutions alternatives (ce que nous ne sommes pas en train de chercher). L'énergie est notre avenir, économisons la !

En France, on n'a pas de pétrole mais on a le nucléaire. Le nucléaire c'est formidable ! Dans son fonctionnement l'énergie nucléaire n'émet pas de gaz à effet de serre (il faut tout de même intégrer le cout écologique de l'extraction et de l'acheminement de l'uranium et le cout écologique de la construction, de la maintenance et de la désinstallation des bâtiments). Dans son fonctionnement le nucléaire ne coute pas cher (il faut tout de même investir près de 100 milliards d'euros d'ici 2030 selon la Cour des Comptes pour prolonger le parc actuel de réacteurs français). Dans son fonctionnement l'énergie nucléaire est sure (on sait tout de même qu'un accident nucléaire est possible indépendamment de l'origine naturelle ou humaine). Dans son fonctionnement l'énergie nucléaire est propre (il faut tout de même comptabiliser les tonnes de déchets nucléaires que nous enfouissons léguant ainsi aux générations futures le soin de s'en occuper).

Evidemment ces déchets nucléaires posent une question éthique vis à vis des générations futures (mais vu le tableau général, on n'en est pas à ce point là). On vend le mythe d'innovations qui permettraient de faire de ces déchets un truc formidable. Le soucis c'est qu'on en est à la troisième génération et pour l'instant personne ne cherche. Mais promis, nos descendants seront beaucoup plus intelligents que nous (l'évolution le montre bien ! Non ?) et sauront quoi en faire (un fantasme je vous dis !).

Le problème majeur c'est que sur les 58 réacteurs français, 39 atteindront les 40 ans d'activités en 2025. Ils seront prolongés de 10 ans et peut être plus pour certains. Il y a une seule certitude : un certain nombre d'entre eux seront mis à l'arrêt et devront donc être remplacés. Par quoi ? L'EPR de Flamanville (seul chantier en cours d'une nouvelle centrale en France) connait un retard de 10 ans et devrait être livré fin 2022 pour un chantier lancé en 2006. Le budget est passé de 3 milliards à 19 milliards d'euros selon la Cour des Comptes. Il n'y a pas d'autres chantiers en cours. Or, il faudrait pourtant que 6 nouveaux EPR soient actifs dans quinze ans. Où sont les projets ? Où seront ils implantés ?

Le bouleversement climatique va augmenter les risques de crues, de températures élevées mais aussi de sécheresse de nos cours d'eau. Or une centrale a besoin d'un accès à l'eau en continu pour refroidir ses réacteurs et la réglementation limite le fonctionnement des centrales en cas de hausse de la température des cours d'eau. Implanter une centrale sur les fleuves est désormais une opération risquée. Reste l'option du littoral. Compte tenu du refus de nombreux riverains de voir s'implanter des éoliennes, on peut parier, sans trop se tromper, que peu de riverains seront d'accord pour voir s'implanter un réacteur près de chez eux.

Le véritable sujet du nucléaire n'est pas de savoir si on est pour ou contre. Le véritable sujet c'est qu'il n'y a pas de débat. L'omniprésence d'un modèle unique de sources d'énergie fait que nous sommes collectivement incapables de penser en dehors du modèle. Devant l'accroissement des besoins d'énergie dus au numérique, face à la décarbonisation nécessaire du secteur énergétique et au passage au tout électrique, nous risquons de nous retrouver en pénurie.

Nous n'avons tout simplement pas les moyens énergétiques de notre développement économique. Ce qui, au niveau global, n'est pas une nouveauté.

La crise sanitaire

Il faut bien en parler. Mais, une nouvelle fois la question se pose : on commence par quoi ? Je ne m'attarderai pas sur la pandémie de COVID. Il est trop tôt, on connait mal la maladie et ses mécanismes. Nous n'avons qu'une seule certitude : elle met en évidence les limites de notre modèle. Un modèle qui empiète largement sur les espaces naturels et se retrouve ainsi exposé à des virus d'origine animale que nous n'aurions jamais du connaitre. Un modèle basé sur la mondialisation qui assure la diffusion rapide d'un virus. Cette pandémie bouleverse nos vies fragiles psychologiquement. Selon Epi-phare, entre mars 2020 et avril 2021, les prescriptions médicamenteuses, en France, ont augmenté de 3,4 millions pour les anxiolytiques, de 1,4 million pour les hypnotiques et de 440 000 pour les psychotiques. Selon une autre source, un français sur quatre serait sous psychotrope. Elle bouleverse aussi nos vies fragiles physiquement. Selon le CHU de Lille, 47 % des personnes malades du COVID entrant en réanimation sont en situation d'obésité. L'enjeu de politique de santé publique est aussi ici : lutter contre la malnutrition et la « male-bouffe ». Lutter contre l'obésité c'est aussi lutter contre l'isolement, c'est améliorer la protection des plus jeunes pour les éloigner des situations traumatisantes.

Nous pourrions ainsi commencer par cela : anticiper les enjeux de santé publique pour faire en sorte que nous soyons plus forts face aux virus et mieux pris en charge avec des investissements financiers et humains dans l'hôpital public.

Et puis on pourrait parler de la crise migratoire (20 000 morts en Méditerranée depuis 2014 selon le CCFD), de la crise humanitaire (82 millions de réfugiés à travers le monde selon le UNHCR), de la crise politique (70 % d'abstention aux dernières élections en France), de la crise sécuritaire (changements radicaux de nos comportements, de nos lois, de nos choix politiques depuis les vagues d'attentats à New York, à Madrid, à Bruxelles, à Londres, à Paris, à Nice …) … le système est à bout de souffle.

La suite ?

« Dans la folie de la nuit, qui peut rêver la suite des événements ? »
Jack Kerouac - Sur la route

COP / Conférence des parties : Assemblée générale de la plupart des pays du monde afin d'entériner des accords visant à réduire le volume de gaz à effet de serre et à faire évoluer les accords précédents.

COP 3 (Protocole de Kyoto) 1997 : Engagement de 37 pays pour réduire de 5% les émissions de gaz à effet de serre d'origine anthropique sur la période 2008-2012 par rapport à 1990.

COP 18 (Amendement de Doha au protocole de Kyoto) 2012 : Engagement pour une réduction de 18% des émissions à effet de serre pour la période 2013-2020.

Entre 1990 et 2017 les émissions de gaz à effet de serre visées par le protocole de Kyoto ont augmenté de 40% au niveau mondial (INSEE).

En 2015, pendant la COP 21, les dirigeants du monde entier se sont engagés à maintenir la hausse des températures à 1,5°c, et donc de faire les efforts pour cela. C'était beau. Comme beaucoup, j'y ai cru. Je me souviens des signatures, du coup de marteau de Fabius entérinant ainsi l'accord et faisant lever l'assistance. Vraiment, c'était beau. Enfin, nous étions parvenu à un accord contraignant.

Et puis voilà … *« comme un immense ballon qui se dégonfle. On ne réveille pas le confort qui ronfle … »* *(les vers de terre, les cowboys fringants)*

On sait maintenant, grâce au rapport du GIEC d'aout 2021, que la probabilité économique, sociale et politique d'un réchauffement limité à 1,5°c est nulle. On s'oriente donc vers un réchauffement de 2°c si des politiques de restrictions d'usages d'énergies fossiles sont mises en place à partir de maintenant pendant les dix prochaines années. La probabilité de ce scénario est, comment vous dire, faible. Ce qui est le plus probable, si on ne change rien (pour ceux qui reviennent sur Terre après avoir passé quinze ans dans l'espace : c'est ce qu'on fait !), c'est de se retrouver avec un réchauffement autour de 4°c.

Le pire n'est jamais certain et il est parfois hasardeux, voire vertigineux, de se projeter. Néanmoins, en partant du principe que ces études scientifiques soient crédibles (en pratique, il n'existe aucune étude ou observation physique qui démontre l'inverse), on peut s'attendre à des événements catastrophiques qui provoqueront l'effondrement de nombreuses sociétés :

- Episodes caniculaires en France de plus de 50°c chaque année
- Sécheresse sur l'ensemble du pourtour Méditerranéen, en Amérique du Sud, en Amérique centrale, dans l'ouest des Etats Unis, dans le sud de l'Afrique, à Madagascar …
- Multiplication des risques d'incendies géants dans l'ensemble des territoires touchées par la sécheresse ainsi qu'en Europe de l'ouest, en Sibérie, en Australie …
- Disparition de la calotte glacière en été au Groenland et réduction majeure de celle ci en hiver
- Modification des courants océaniques en Atlantique nord, accélérant ainsi les changements climatiques
- Augmentation du niveau des océans de plusieurs dizaines de centimètres d'ici la fin du siècle : disparition d'états insulaires, migrations forcées de dizaines de millions de personnes vivant sur les côtes

- Disparition des glaciers alpins, diminution majeure du taux d'enneigement sur l'ensemble de la planète provoquant une rupture d'alimentation en eau pour des centaines de millions de personnes
- Augmentation des tempêtes et cyclones majeurs provoquant dégâts et inondations
- Acidification accrue des océans sous l'effet du carbone menaçant ainsi le plancton marin à la base de la chaine alimentaire océanique
- Augmentation du nombre de personnes en situation de pauvreté (+ 100 millions en 2030 selon la banque mondiale)
- Augmentation du taux d'incidence de maladies sous l'effet de vagues de chaleur et d'inondation
- Disparition d'une espèce animale sur six
- Modification majeure de l'agriculture européenne (disparition de 70 % du vignoble européen)
- Disparition de la grande barrière de corail
- Déstabilisation des régimes politiques démocratiques

…

On est bien, non ?

Révolution(s)

« Et au bout de cent ans, des gens se sont levés et les ont avertis qu'il fallait tout stopper »
(Plus rien, les cowboys fringants)

Devant ce tableau, on pourrait se dire que cela serait pas mal d'introduire le coût écologique dans nos processus de décisions. Il y a ce que la nature nous donne et nous fait économiser (l'énergie durable et l'ensemble des agricultures soutenables). C'est de l'argent qui n'est pas dépensé aujourd'hui. Il y a les réparations nécessaires suite aux dégâts environnementaux. Anticiper le coût écologique c'est faire en sorte que cet argent ne sera pas dépensé demain.

On pourrait se tourner vers une nouvelle forme de justice. On pourrait demander à nos politiques pourquoi ils n'ont rien fait depuis tant d'années alors qu'ils avaient le pouvoir d'agir et qu'ils savaient. On pourrait demander des comptes aux plus grands pollueurs, à ceux qui détruisent la vie. On pourrait parler d'écocides, de non respect de la charte de l'environnement de 2005, de justice environnementale.

On pourrait se dire qu'on n'a pas envie de travailler pour ces gens là, pour ces entreprises. On pourrait exiger des changements de la part de nos employeurs.

On pourrait se dire qu'on n'a pas envie de consommer des produits et des services qui détruisent la vie, qui participent activement au dérèglement climatique et donc au réchauffement global.

On pourrait se dire qu'on peut voter pour ceux qui placent ces enjeux comme des priorités. Ce serait facile, ils existent et proposent des projets qui vont dans ce sens. On pourrait porter un regard critique sur les autres : ils sont complices de la destruction et de l'immobilisme dans le meilleur des cas. Dans le pire des cas, ils sont animés par le nationalisme et l'obscurantisme. On sait où cela nous mène (souviens toi des années 1930).

On pourrait apprendre aux jeunes générations à travailler ensemble, à créer plutôt qu'à répliquer. On pourrait leur faire confiance, on pourrait leur apprendre la paix. Pour la paix ça serait pas mal, parce que les ventes d'armes ont atteint, ces dernières années, des records depuis la fin de la guerre froide et, selon le SIPRI, le nombre d'armes nucléaires actives s'établi à plus de 9 000 dans le monde dont environ 2 000 opérationnelles (prêtes à être lancées en quelques minutes).

On pourrait refuser l'ensemble des services et des produits dont n'avions pas besoin et qui nous paraissent aujourd'hui indispensables. En confondant progrès et innovations, on a laissé entrer dans nos vies de nombreuses fonctionnalités qui sont sensées nous faire gagner du temps et améliorer notre productivité. Pourtant, plus que jamais, nous courons pourtant après le temps.

On pourrait se battre pour défendre nos libertés et la première d'entre elles : celle d'être un citoyen responsable. Responsable de son mode de production et de consommation. Responsable de ses idées et de ses opinions construites grâce à un regard critique et éclairé sur le monde.

On pourrait ne pas s'abonner et ne pas suivre les comptes sur les réseaux sociaux animés par des débiles profonds qui maîtrisent cinquante mots de vocabulaires et dont le seul objectif est de faire parler d'eux.

On pourrait toujours rêver et prendre une autre direction. Celle d'un monde apaisé qui accepte que la vie dépend avant tout de sa relation au vivant dans toute sa diversité.

On pourrait aussi ne rien faire. C'est facile, nous possédons le mode d'emploi : il faut continuer comme nous le faisons depuis des décennies. A l'inverse, faire c'est commencer par dire ce que personne ne veut entendre. A l'inverse faire c'est intégrer et accepter le fait que cela sera dur et que le mythe d'une vie normale n'est pas au programme du XXIème siècle.

Je ne peux pas ne rien faire. Ce n'est pas parce que je revendique une certaine éthique, une honnêteté intellectuelle ou simplement du bon sens. C'est parce que j'ai une singularité dans ce monde : j'ai des enfants. Ceux qui ne sont pas dans ce cas là ne peuvent pas comprendre, mais pour moi cela compte. Je n'ai pas envie qu'ils grandissent dans le monde que nous dessinons depuis tant d'années. C'est aussi simple que cela.

A eux, je veux dire que je les aime infiniment et que je suis très fier d'eux depuis toujours. Je comprends ce besoin et cette envie de vie « normale », je comprends qu'ils n'ont pas envie de voir ou d'entendre tout cela, je comprends que cela peut les stresser et qu'ils souhaitent juste profiter de leur adolescence. Mais malheureusement, ce n'est pas comme cela que cela se passe. Vous faites comme vous voulez les grands. Mes opinions, mes choix et mes idées ne sont pas les vôtres.

J'ai des enfants et mon devoir de père est de les préserver et pour cela de préserver l'environnement dans lequel ils vivent. C'est aussi simple que cela. Si vous avez des enfants vous pouvez comprendre. Si vous n'en avez pas, ne vous sentez pas obligés d'en faire. C'est déjà pas mal le bazar avec l'existant. Mais bon, chacun est libre et il faut bien dire les choses c'est quand même chouette de les avoir près de soi.

Alors c'est quoi la suite ?

Nous vivons dans un monde dans lequel il faut travailler, produire et consommer pour exister. Nous vivons dans un monde qui va vite, très vite, trop vite. Nous vivons dans un monde qui n'assume pas les conséquences de ses actions et décisions qu'elles soient individuelles ou collectives. Nous vivons dans un monde secoué par les nationalismes et les obscurantismes. Nous vivons dans un monde qui fait de l'individu et du cas particulier la star des sociétés. Nous vivons dans un monde dans lequel l'excès est un mode de vie. Nous vivons dans un monde dont la devise est : tout, tout de suite et tout le temps. Nous vivons dans un monde dans lequel les notions d'innovations et de progrès ont été confondues.

Ce monde est à bout de souffle. La liberté et la responsabilité d'un citoyen de ce monde (au delà des drapeaux, des patries, des nations) est de faire l'inverse.

Je l'ai dit, le réchauffement global de la planète et la disparition de la bio diversités sont deux problèmes qui sont liés et qui ont une seule origine : l'activité humaine. Cela nécessite un changement individuel, collectif, économique, social et politique. Une réponse forte à apporter aujourd'hui au sens propre du terme. La réponse ne peut souffrir de délai, d'approximation ou de demi mesure. Les enjeux sont fondamentaux.

L'enjeu est démocratique. Dans quelle mesure sommes nous prêts à remettre en question nos libertés individuelles d'entrepreneur et de consommateur ? Sommes nous prêts, au nom de la lutte pour la vie sur Terre, de renoncer à ces libertés ? Pouvons nous, démocratiquement, renoncer à ces libertés aujourd'hui afin de préserver celles, encore plus nombreuses, menacées demain ?

Depuis les attentats de New York en 2001, nous avons accepté de renoncer à des libertés et avons accepté des contraintes. Depuis les attentats en France de 2015 et 2016, nous avons accepté que des mesures d'urgence deviennent des mesures de droit commun au nom de notre sécurité. Depuis la pandémie, nous avons accepté des mesures contraignantes pour notre liberté au nom de notre santé individuelle et collective. Dans quelles mesures sommes nous prêts à accepter des nouvelles restrictions au nom de la préservation de la vie ? Une nouvelle fois c'est de notre santé et de notre sécurité dont il est question.

La première révolution est là. Accepter, pour protéger nos libertés, que le droit nous préserve de toutes les activités qui participent activement au réchauffement climatique et à la disparition de la bio diversité.

La seconde révolution est de boycotter activement ces activités. Il n'est pas nécessaire ici d'en faire la liste. Elle coule de source.

La troisième révolution est de prendre la parole. Dire que de ne pas agir, continuer à consommer comme on le fait, investir dans des développements polluants n'est pas seulement une démarche critiquable car non durable ou soutenable. C'est simplement un crime contre la vie dont nous paierons le prix.

Tout ceci implique des changements comportementaux fondamentaux. Comme beaucoup, j'aimerai que les choses soient plus simples, plus légères. J'aimerai me précipiter dans le retour à une vie dite normale. Ce n'est malheureusement pas au programme de notre génération. Le principe de réalité est là.

Résilience et adaptabilité. Ce sont les nouvelles injonctions du XXIème siècle. Les personnes qui savent faire preuve de résilience ou d'adaptabilité seraient ainsi les personnes fortes du moment, les autres des faibles. Je suis fier de ma vulnérabilité, de mon incapacité à m'adapter à un monde rendu fou dans lequel je ne me reconnais pas. Elle est le signe de mon humanité.

Pour des convictions éclairées

« All we are saying is give peace a chance »
Give peace a chance, John Lennon

Démocratie : Système politique, forme de gouvernement dans lequel la souveraineté émane du peuple et dont le respect des libertés publiques est au coeur même du fonctionnement de la société.

Il me semble essentiel de se battre pour préserver notre démocratie. Elle a résisté à des conflits majeurs, à des attentats et à une multitude de crises. Nous sommes toujours là en 2021 à disposer d'une liberté d'expression, d'une liberté de la presse et d'une diversité politique. Il me semble nécessaire de préserver l'Union Européenne.

Toutes imparfaites qu'elles soient, notre démocratie et l'Union Européenne apportent quelque chose d'indispensable : la paix.

Je suis un pacifiste convaincu, je crois en la non violence. Je ne fantasme pas sur une prise de pouvoir par l'armée qui serait la seule issue.

Je crois que le changement climatique met en péril notre démocratie. Je crois que la pénurie et la rareté peuvent déclencher des conflits. Je crois que l'augmentation de la pauvreté a des conséquences sur le vivre ensemble. Je crois que les discours de haine et de division nous entrainent dans une société violente qui menace notre démocratie.

Je crois que le rôle et la responsabilité des citoyens est de prendre la parole. Je crois que les élections sont l'occasion de prendre la parole, de donner un avis éclairé sur les orientations et les décisions à prendre.

Je crois que la solution doit être aussi politique. Elle doit faire l'objet d'un large succès électoral pour bénéficier de la légitimité nécessaire à son action.

Le temps presse. Notre génération a l'opportunité historique de changer le cours de l'Histoire. Cela ne représentera pas.

Nous votons en 2022 pour décider de l'avenir politique, économique, social et écologique de notre pays. La solution politique existe, elle est indispensable et doit être en complément des initiatives citoyennes, du travail associatif, des actions des ONG. C'est un mouvement global qui est nécessaire, nous devons aller dans le même sens.

La solution politique existe. Elle est l'une des composantes essentielles du changement. Ne passons pas à côté. Nous n'avons plus le temps.

Chacun de nous est à la fois un pessimiste qui ne voit que le verre à moitié vide, un optimiste qui ne voit que le verre à moitié plein et un réaliste qui remplit petit à petit son verre d'eau. La grande difficulté de la situation dans laquelle nous sommes c'est qu'il n'y a plus d'eau pour remplir le verre.

A chacun de faire l'effort d'aller à la source. La mienne s'appelle la connexion aux éléments, l'aventure et l'ailleurs. Elle coule grâce à un univers fait de liberté et de paix.

C'est toute mon ambition.

« You may say, I'm dreamer. But, (le sais tu ?)
i'mnot the only one »

Imagine, John Lennon

A suivre…

Reims, 2021